J'ai cherché de l'or sur Internet

Internet

Ce Que Vous Pouvez Faire Pour Gagner Vraiment De L'Argent Sur Internet Et Qui Vous Donnent Les Meilleures Chances De Réussir

Nary Andrian

TABLE DES MATIÈRES

Avant-propos   1

Vendre un produit avec un site d'une seule page avec un (long) texte de vente   2

Gagnez un revenu par les sites d'enchères comme eBay   6

L'affiliation sur Internet   8

Travailler pour les autres, mais librement et à distance   11

Un service 100% automatisé via Internet   13

Vendre des espaces publicitaires sur le web   18

Vendre du matériel sans stock par le « drop-shipping »   21

Publier un livre électronique ou « e-book » pour le Kindle sur Amazon   23

Concluons !   25

AVANT-PROPOS

Le but de ce livre est de partager avec vous un résumé de mes expériences quand je me suis baigné pendant plus de 5 années dans l'entreprenariat sur Internet.

Si vous envisagez de vous lancer aussi dans cette activité, ou que vous y êtes déjà et que vous voulez y réussir, j'espère que la lecture de ce livre vous donnera des idées qui vous seront bénéfiques quand vous les réaliserez.

Ce livre ne peut pas vous montrer tout ce qu'il faut savoir pour réussir, d'ailleurs l'écriture d'un tel livre demanderait toute une vie ! Vous devez donc compléter progressivement vos compétences et vos connaissances par la lecture et l'application d'autres ouvrages.

Le business sur Internet est l'une des activités les plus intéressantes actuellement, surtout avec l'avancée fulgurante de la technologie. Ce type d'activité demande un investissement minimum, et peut être totalement automatisé, et pourtant il est capable de générer des millions comme les entreprises « traditionnelles ».

Bien sûr, comme dans toute activité, il y a des choses à apprendre, il y a aussi du travail à faire, des obstacles à surmonter, mais n'importe qui qui se donne vraiment la peine de faire les choses comme il faut peut être absolument sûr de réussir.

Bonne lecture !

L'auteur

Nary Andrian

VENDRE UN PRODUIT AVEC UN SITE D'UNE SEULE PAGE AVEC UN (LONG) TEXTE DE VENTE

Les entreprenautes les plus prospères du web sont ceux qui utilisent ce « système ». Qu'ils vendent un produit physique ou numérique, qu'ils vendent un produit à 20€ ou à 2000€, une lettre de vente (généralement longue, très longue) avec un bouton « Commander » marche toujours.

La lettre de vente inclut la présentation du vendeur, présente le produit, cite ses avantages, montre aussi des témoignages, les garanties proposées ainsi que de « gros » boutons « Commander ».

Au début de la lettre, on incite le visiteur à lire par un grand titre (appelé aussi dans le jargon du métier « une accroche »). Et tout au long du texte aussi, on peut souvent voir des « sous-titres » présents un peu partout, histoire de « ré-accrocher » le lecteur qui est tenté de lire « rapidement » en déroulant rapidement la page.

Je vous ai dit que vendre sur internet de cette manière marche, même si voir des accroches énormes et un texte d'un kilomètre de long donne des boutons à certaines personnes (qui doivent être fort rares, au vu des résultats obtenus par les vendeurs).

Google même ne semble pas « digérer » ce genre de sites ! J'ai essayé d'annoncer sur Google Adwords un site de ce genre, et j'ai reçu un beau mail d'avertissement qu'ils vont fermer mon compte si j'insiste à faire de la publicité pour ce site avec eux !

Remarquez que, même si on est une grosse compagnie avec des centaines – si ce n'est des milliers – d'employés très intelligents et bardés de diplômes, on peut toujours passer à côté de l'idée qu'on peut vendre honnêtement avec une longue lettre de vente sur son site web …

Mais bon, Google a sûrement ses raisons qu'on ne connaît pas et que ce n'est pas que Google éternue qu'on va se forcer aussi d'avoir la grippe ! (de toute façon s'ils ne veulent pas de mon argent, je ne vais pas les forcer !).

Oubliez donc d'annoncer sur Adwords si vous vendez avec des longues pages de textes de vente (je ne sais pas si les autres régies de « pay per click » comme Yahoo ! ou MSN les acceptent, vous pouvez essayer).

Tant mieux aussi, puisque j'ai remarqué que cette façon de vendre ne marche pas au mieux avec des prospects qui n'ont eu aucun contact préalable avec le vendeur.

Pour que les longues pages de vente vendent vraiment très bien, donc, il faut que les prospects (ou clients potentiels) connaissent déjà le vendeur et ont déjà une bonne relation avec lui.

Par exemple : le vendeur possède un blog ou un site d'informations où il donne des informations gratuites. Le prospect a « atterri » sur le blog, a lu quelques articles, a trouvé cela « super » et s'est inscrit pour recevoir des nouvelles du blog par e-mail.

Par e-mail, le vendeur a averti le prospect qu'il a sorti un « super produit » et il l'invite à aller voir cela. Le prospect – qui connaît déjà le vendeur par les articles de son blog – va aller voir : il arrive sur la page de vente d'un kilomètre de long qui parle du produit.

Si le « copywriter » a bien fait son travail (le copywriter est la personne qui a écrit le texte de vente), le prospect va lire un peu, va trouver cela intéressant, va se demander si ce produit peut lui apporter quelque chose, va voir si le prix lui est abordable, va aussi voir les garanties et réfléchir un peu sur les risques, finalement va cliquer sur le gros bouton « Commander » pour acheter.

Il est rare qu'un prospect lise tout le texte (mais il faut toujours écrire le texte d'un kilomètre de long quand c'est nécessaire), mais lire tout le texte n'est absolument pas nécessaire pour acheter.

Le prospect achète parce qu'il connaît déjà le vendeur et qu'il lui accorde une certaine confiance. Un prospect qui n'a encore eu aucun contact préalable avec le vendeur – et qui ne le connaît pas – peut toujours acheter, bien sûr (et le copywriter, dans ce cas, est vraiment un maître !), mais ce cas est vraiment rare.

On peut aussi mettre une vidéo ou un audio avec les textes de vente. Il paraît que cela produit de meilleurs résultats (que je confirme, puisque j'ai essayé). Une vidéo où on voit le vendeur en train de présenter le produit est très efficace, et peut même convaincre ceux qui n'ont encore eu aucun contact préalable avec le vendeur.

Et aujourd'hui, il est très facile et très simple de mettre une vidéo sur un site web : vous vous filmez avec votre téléphone (à condition bien sûr que la qualité d'image soit quand même acceptable, ainsi que la qualité du son), et vous mettez le tout sur Youtube. Vous n'avez pas besoin de dépenser des milliers d'euros à acheter du matériel !

Revenons au « contact préalable », recensons quelques cas pour établir ce contact :

- Le vendeur possède un blog ou un site gratuit d'information et fait inscrire les visiteurs dans une liste qu'il contacte ensuite par e-mail (si le blog draine des milliers de visiteurs chaque jour, et qu'il a donc un bon référencement, le vendeur a bien des chances de devenir millionnaire par la vente de son produit).

- Les prospects connaissent déjà le vendeur par des posts qu'il a fait sur un ou des forums.

- Les prospects connaissent déjà le vendeur parce que ce sont ses amis sur Facebook, ou qu'ils le suivent sur Twitter, sur Google+, sur LinkedIn, ou sur d'autres réseaux sociaux.

- Les prospects connaissent déjà le vendeur parce que ce dernier est une célébrité très connue dans le domaine.

Comment écrire le texte de vente d'un kilomètre de long ?

Ne jamais l'écrire soi-même si on n'y connait rien en copywriting, sinon, même votre mère n'achèterait pas, même si c'est seulement pour vous faire plaisir et qu'elle vient de gagner au loto.

Il faut faire écrire le texte par un copywriter, ou une personne qui a étudié le copywriting, qui a déjà de l'expérience et des résultats dans le domaine.

Et c'est bien là l'erreur de beaucoup de personnes qui vendent sur le web et ailleurs : elles écrivent leurs textes de vente elles-mêmes sans rien y connaître, et écrivent seulement en se disant que « cela fera l'affaire » (et bien sûr s'étonnent après que sur les 1000 visiteurs qui passent, seul 1 ou 2 achètent au mieux).

Un copywriter compétent (parce qu'il y en a aussi qui ne le sont pas) coûte cher, et généralement demande un pourcentage sur les ventes réalisées. Si vous n'avez pas encore les moyens pour vous payer un bon copywriter, vous pouvez toujours apprendre le copywriting (mais il vous faut du temps pour être capable de rédiger de bons textes).

Il y a des cours qui vous enseignent le copywriting (voir à la fin de ce livre).

Il faut investir dans un nom de domaine même si ce n'est qu'un site avec une seule (et longue) page. Pour gérer les paiements, on peut utiliser Paypal (qui offre des boutons de paiement), ou aussi des services comme ClickBank ou 1TPE.

Attention : si vous utilisez Paypal et que votre compte n'est pas de type « Professionnel », Paypal peut vous suspecter (de quoi, on ne sait pas précisément, mais il vous suspecte quand même) si des dizaines de milliers d'euros arrivent tout d'un coup sur votre compte du jour au lendemain. Ce qui est bien sûr une chose tout à fait normale quand on vend.

Dans le cas où Paypal pète les plombs en vous suspectant d'arnaquer la terre entière (ou peut être aussi dans le cas où il ne veut pas que vous vous enrichissez, enfin, trop vite à son goût), il va commencer par « restreindre » votre compte, ce qui veut dire que vous ne pouvez plus encaisser des paiements et encore moins à retirer de l'argent.

Et cela peut durer des mois et des mois, jusqu'au jour où le Saint-Esprit tombe enfin sur la tête de Paypal où il va enfin vous avertir qu'il s'est rendu compte que vous êtes un citoyen modèle et que vous pouvez enfin disposer de votre argent comme vous le voulez.

Donc, passez votre compte Paypal en compte professionnel si vous prévoyez de recevoir un gros montant, ou sinon utilisez 1TPE ou ClickBank.

GAGNEZ UN REVENU PAR LES SITES D'ENCHÈRES COMME EBAY

Les sites d'enchères comme eBay, que vous connaissez probablement sont surtout utilisés pour se débarrasser des objets dont on ne se sert plus tout en se faisant de l'argent au passage.

L'idée était excellente, et fait fureur à en voir le nombre de personnes présentes sur les sites d'enchères.

Mais on assiste actuellement à l'utilisation de ces sites d'enchères comme une activité permanente et non plus occasionnelle ou ponctuelle, ou quand on veut juste gagner quelques sous en revendant les vieux 45 tours d'un chanteur mort depuis des décennies trouvés au fond du grenier.

On estime actuellement le nombre des personnes qui vivent actuellement des enchères sur Internet à environ 60 000.

Comment font-elles ? simple : elles se constituent un « stock » d'objets fortement demandés (oui, parce que sinon cela risque de ne pas se vendre) et revendent ces objets sur eBay (ou d'autres sites, eBay étant le plus fréquenté) en se faisant une marge.

Ce sont donc des produits neufs ou non plus d'occasion, mais cela se vend toujours ! Seulement si vous envisagez aussi de vous lancer dans ce type de business, il vous faut savoir certaines choses :

- Il vous faut donc vous fournir au meilleur prix possible (acheter en gros est conseillé).

- Il vous faut connaître les produits à la mode, ou en forte demande (par exemple suivant la saison, en hiver, les skis se vendent bien, à Noël, ce sont les chocolats, ou les jouets). eBay affiche par exemple un classement des objets les plus recherchés.

- Ne vendez pas des produits numériques ou « virtuels » (ebooks, vidéos, …) , vendez toujours des produits physiques et plus le produit est de valeur, plus vous aurez une plus grande marge.

- Commencez par vous faire connaître en tant que vendeur sérieux et fiable sur les sites d'enchère avec des petites transactions où – au début – vous n'allez pas vous faire de gros bénéfices, mais la notoriété que vous gagnez ainsi va beaucoup vous aider plus tard.

L'AFFILIATION SUR INTERNET

Qu'est-ce que l'affiliation ? C'est un principe très simple qui permet de se faire de l'argent par le commerce des autres :

Par exemple, il y a un site qui vend un produit. Vous, vous posséder un site web ou un blog où des visiteurs arrivent régulièrement. En redirigeant vos visiteurs vers le site marchand, vous gagnez un pourcentage des ventes réalisées avec vos visiteurs.

Amazon le fait avec son site qui comporte des milliers de produit. Vous vous inscrivez en tant qu'affilié d'Amazon, vous obtenez un lien « tracé » (ou plus clairement un lien qui vous est propre, qui contient votre « signature », et qui permet à Amazon de savoir qu'un visiteur vient de vous), et vous redirigez des personnes susceptibles d'acheter vers un produit via ce lien.

Si une personne achète, Amazon vous reverse un petit pourcentage sur le prix du produit.

L'affiliation est très efficace pour les personnes qui ont de la notoriété sur Internet mais qui n'ont rien à vendre. En conseillant les internautes sur les produits des autres, ils peuvent se faire de bons revenus.

Bien sûr, on peut toujours créer son propre produit. Mais cela peut prendre un certain temps, et cela demande aussi à créer un site web, et évidemment à apprendre comment créer un site web, à gérer les paiements et les livraisons.

Et bien entendu, à engager un copywriter ou à apprendre le copywriting, comme nous l'avons vu précédemment.

En faisant de l'affiliation, on ne fait rien de tout cela : on ne crée pas de produit. On prend tout de suite un produit qui existe (il faut quand même s'assurer de la qualité), on n'a pas à créer de site web ou à s'occuper des commandes et des paiements, ni des livraisons.

C'est le vendeur qui se charge de tout cela. L'affilié n'a juste qu'à envoyer des visiteurs vers le site du vendeur par son lien, et à attendre ses commissions !

Quelques précautions sont quand même à prendre :

- Il est clair qu'envoyer vers le site marchand des gens qui ne sont absolument pas susceptibles d'acheter le produit ne sert à rien !

Si par exemple vous avez un site web ou un blog qui parle de chien, il est évident que bien peu (ou aucun) de vos visiteurs vont acheter si vous les envoyez sur un site vendant des produits sur les voitures !

Par contre, dans ce cas, vos visiteurs sont susceptibles d'acheter des laisses, de la nourriture pour chien, des muselières, des guides de dressage, des produits antipuces, etc. Et c'est en vous affiliant à des sites vendant ces produits que vous avez des chances de vous faire beaucoup d'argent.

- Comme dit précédemment, il faut bien s'assurer de la qualité du produit vendu par le site vers lequel vous allez envoyer des visiteurs.

L'affilié étant perçu comme un « conseiller », il est évident que si vous avez conseillé un produit qui déçoit, votre crédibilité en prendrait un sacré coup et votre carrière en tant qu'affilié risque fort de se terminer là, puisque personne ne va plus acheter via vos liens.

L'idéal c'est de conseiller un produit que vous utilisez vous-même, qui vous donne satisfaction, ou aussi un produit que vous avez pu tester.

- Beaucoup d'affilieurs (comprenez les vendeurs qui recrutent des affiliés pour conseiller leurs produits) sont assez « radins », surtout en francophonie : comprenez par là que le pourcentage qu'ils reversent aux affiliés est très faible.

Bien sûr, cela dépend aussi du prix du produit. Si le produit est vendu à un prix élevé, un pourcentage de 5% ou de 10% peut toujours être intéressant. Mais dans la majorité des cas, 20% est le pourcentage minimum pour qu'un programme d'affiliation soit jugé « intéressant ».

- Et il y aussi les programmes d'affiliation récurrents : et ces programmes se comptent sur les doigts d'une main en francophonie.

Un programme d'affiliation est dit « récurrent » quand vous gagnez des commissions sur tous les achats d'une personne que vous avez envoyé.

Un contre-exemple pour bien expliquer cela : sur un programme d'affiliation qui n'est pas récurrent, vous envoyez un internaute sur le site marchand, il achète un produit et vous gagnez une commission sur ce produit.

Mais après il achète un second produit, et un mois plus tard, il achète de nouveau un troisième produit, mais sur ces deux produits, vous ne gagnez plus rien.

Ce n'est pas très juste : vous avez envoyé un client, vous devez gagner sur TOUS ses achats, et non pas seulement sur le premier. Mais malheureusement les programmes d'affiliation qui font cela sont encore très rares.

Pour conclure, il faut bien examiner les programmes d'affiliation que vous trouvez ou qu'on vous propose pour voir s'ils en valent la peine. N'hésitez pas aussi à discuter et à négocier vos intérêts quand c'est possible. Si le vendeur voit que vous avez le potentiel de lui amener des clients par milliers, il est plus enclin à vous donner des conditions avantageuses !

TRAVAILLER POUR LES AUTRES, MAIS LIBREMENT ET À DISTANCE

C'est ce qu'on appelle du « free-lance », et internet a facilité le phénomène.

Beaucoup d'entreprises de par le monde ont besoin de rédacteurs, de correcteurs, de graphistes, de concepteurs, de programmeurs informatique, et d'on ne sait plus quoi d'autres.

Ces entreprises n'ont pas toujours forcément besoin d'un employé permanent, et il n'y a que le travail accompli et livré qui les intéressent, c'est pourquoi cela ne les gêne pas de confier la tâche à une personne à des milliers de kilomètres et qu'elles ne verront probablement jamais.

En plus, cela les soulage des charges liées à un employé « normal » : local de travail, indemnités, charges sociales, etc.

Donc des milliers d'offres pullulent sur Internet sur les sites spécialisés. Des offres qui recherchent des compétences multiples et variées, à vous de trouver ce que vous pouvez satisfaire, et de voir aussi ce qui vous est financièrement intéressant.

Allez juste par exemple sur Google et faites une recherche avec les termes « offres rédaction de texte freelance » et vous allez trouver énormément de résultats (bien sûr, vous pouvez changer « rédaction de texte » par n'importe quelle tâche dans laquelle vous avez des compétences).

Travailler en free-lance est intéressant si vous avez des difficultés financières (ou au chômage) et que vous devez gagner de l'argent très vite.

Mais c'est toujours du travail et vous vendez votre temps contre de l'argent (ce qui est à l'encontre de mon principe qui est : « bâtir quelque chose qui va faire rentrer de l'argent indéfiniment et tout seul », mais c'est une autre histoire).

Vous pouvez avoir à travailler pour des clients difficiles. Vous aurez des délais à respecter (à vous de voir s'ils sont réalistes pour vous ou pas).

Toutefois, un domaine très intéressant pour s'établir en tant que freelance est le copywriting, ou comme nous avons vu précédemment, l'écriture de textes de vente.

Ce n'est pas seulement les sites web qui ont besoin de textes de vente. Les copywriters sont engagés pour écrire des annonces dans les journaux, les magazines, même à la télévision et à la radio.

Les copywriters les plus talentueux et qui ont déjà obtenu des résultats extraordinaires sont très recherchés et sont payés au minimum des dizaines de milliers d'euros pour un travail. Ils sont tous en majorité des free-lances et ont plusieurs clients.

Par contre, devenir un copywriter à succès demande beaucoup d'apprentissage, beaucoup d'expériences, donc demande du temps. Ce n'est pas une affaire de personnes pressées qui se décourageront très vite. Si vous vous dites qu'il me faut des millions dans une semaine sinon cela ne m'intéresse pas, tentez toujours le loto (on ne sait jamais !).

Rares sont les copywriters à succès qui ne sont pas millionnaires, surtout qu'ils reçoivent aussi des pourcentages sur les ventes réalisées par leur texte. C'est aux Etats-Unis qu'il y en a en majorité, en France, ils sont plutôt rares et discrets.

A la fin de ce livre, vous trouverez des liens vers des cours de copywriting.

UN SERVICE 100% AUTOMATISÉ VIA INTERNET

Une idée, des compétences en programmation (ou sinon engager un ou plusieurs programmeurs), cela peut faire votre fortune sur Internet.

Bien sûr, il se peut aussi que vous ayez quand même besoin d'un capital de départ à investir, dans l'acquisition ou la location d'un serveur, par exemple (un serveur est l'ordinateur qui « contient » le site web et le service).

L'idée, ici c'est d'offrir un service payant et qui tourne tout seul sans qu'aucune intervention humaine n'est nécessaire (ou au pire, très peu). Et bien sûr, le service se paie mensuellement ou annuellement.

Dans ce genre de service, nous avons par exemple l'hébergement de sites web, la vente de noms de domaine, les autorépondeurs (un service qui se charge d'envoyer des e-mails à votre place, si vous avez par exemple des milliers d'abonnés à contacter).

Ou encore les services qui mettent à votre disposition des espaces pour stocker vos fichiers en ligne, ou qui proposent la sauvegarde de votre machine, etc.

Bref, il s'agit de trouver une bonne idée, de répondre à une demande ou à un besoin de beaucoup de personnes, de mettre en place le service et à le faire connaître.

Vous pouvez trouver « l'idée du siècle »

Le frein qui empêche beaucoup de personnes à trouver une bonne idée est qu'elles s'estiment – à tort – être incapables de trouver cette « idée géniale ». Elles pensent ne pas être suffisamment créatives.

Sachez que trouver des idées géniales ne nécessitent pas d'être super intelligent ou d'avoir une longue rangée de diplômes. Même que les esprits cartésiens et qui se plient toujours à une rigoureuse logique ne sont pas des terrains favorables à la créativité.

Pour trouver des idées à la pelle, il suffit juste de se détendre, de libérer son esprit des soucis qui empêchent la créativité de s'exprimer pleinement.

C'est comme un jeu : vous ne forcez rien mais vous pensez juste à la chose, laisser le temps passer et votre imagination vagabonder. Il ne faut pas s'impatienter en se disant « mais quand elle va arriver cette idée ? », au contraire, n'y pensez plus quand vous n'avez plus envie d'y penser.

Tout à coup, votre idée va surgir comme l'éclair qui tombe du ciel. Et cela peut arriver à n'importe quel moment, même à un moment où vous n'y pensez absolument pas.

L'idée peut surgir dans vos rêves quand vous dormez la nuit. Elle peut surgir quand vous prenez une douche, que vous faites du jogging ou que vous êtes assis dans une voiture. L'idée peut apparaître n'importe où n'importe quand.

Munissez-vous alors toujours de quelque chose pour noter votre idée : un calepin et un stylo, un téléphone avec un bloc-note, … Dès que l'idée surgit, notez-la toutes affaires cessantes, sinon vous risquez de l'oublier (ce qui serait dommage puisque l'idée aurait pu vous rendre multimillionnaire).

On peut aussi trouver des idées simplement en se « mettant au contact » avec des choses dans le domaine dans lequel on cherche des idées.

Par exemple, si je cherche une idée d'un produit à faire ou d'un livre à écrire dans un quelconque domaine, je surfe sur des sites qui parlent du sujet. Je regarde des vidéos sur Youtube qui parlent du sujet, je feuillette des magazines, je regarde sur Amazon les livres qui parlent du sujet, j'examine leurs titres et ce dont ils parlent.

Si c'est possible, on peut aussi discuter avec des personnes qui sont des passionnées du sujet, ou des personnes intéressées ou simplement concernées par le domaine. De par ces discussions peut faire naître en vous l'idée géniale qui sera la source de votre réussite.

Attention, il ne faut pas confondre « inspiration » et « copie » (ou encore connu sous le nom de « plagiat ») : recopier ou faire exactement pareil qu'une autre personne n'est pas du tout une idée géniale et en plus, vous risquez de transgresser la loi.

Par contre, trouver une chose qui marche, mais l'améliorer, y ajouter quelque chose, ou retirer un inconvénient n'est absolument pas du plagiat et que si vous avez une idée de faire comme cela, il n'y a aucun problème.

Démarquez-vous aussi autant que possible. N'allez pas tout simplement vendre des noms de domaine par exemple si, quand vous tapez « vente nom de domaine » sur Google, des millions de résultats apparaissent.

Essayez d'offrir quelque chose d'unique, d'original. Une offre que des concurrents ne peuvent pas ou n'osent pas suivre.

Au début, pour vous faire connaître (et pour obtenir vos premiers clients), vous pouvez offrir le service gratuitement. Cela aide beaucoup pour votre publicité au démarrage de l'activité et les personnes qui ont besoin du service peuvent aussi ainsi juger de la qualité et de votre sérieux sans prendre de risque.

Si vous offrez le service gratuitement au début, collectez les adresses e-mail des utilisateurs qui utilisent le service. Cela vous permettra de les contacter plus tard pour leurs proposer enfin de payer pour continuer à profiter du service.

N'ayez pas peur de transformer du jour en lendemain un service gratuit en service payant. Bien sûr, certains clients vont râler, d'autres vont carrément partir. Ne vous en souciez pas, ces personnes-là ne constituent qu'une minorité. Elles ne vous seront jamais bénéfiques et il est mieux pour vous de vous en débarrasser.

La grande majorité, elle, comprend tout à fait que vous avez une affaire à faire tourner et si vous êtes raisonnable dans le prix, et qu'ils ont les moyens pour continuer à profiter du service, et qu'ils ont toujours besoin du service et qu'ils l'apprécient, ils n'auront pas de problème à mettre la main au portefeuille et ils ne vous en voudront pas.

Ou encore, vous pouvez proposer à la fois un service gratuit et un service payant : avec la version gratuite, l'utilisateur ne peut faire que des choses très limitées, ce n'est qu'avec la version payante qu'il peut obtenir une totale satisfaction.

C'est par exemple le cas avec les services de téléchargement de fichiers en ligne : vous pouvez télécharger gratuitement, mais avec un débit limité, et une autre limite qui impose de ne pouvoir télécharger qu'un seul fichier toutes les 2 heures, et le service vous noie dans une montagne de publicités à tel point que vous devez chercher le lien de téléchargement pour pouvoir cliquer dessus.

En payant le service de téléchargement, vous obtenez le débit maximum, vous pouvez télécharger autant de fichiers que vous voulez quand vous voulez, et vous n'aurez aucune publicité qui s'affiche quand vous téléchargez.

Facebook aussi, toujours pour prendre un exemple, est un service gratuit, qui est resté gratuit mais qui se rémunère par d'autres moyens engendrés par le service principal, comme la publicité. De même pour Google, qui se rémunère aussi par la publicité avec Adwords, mais ne vous emballez pas, ces cas restent très rares.

Revenons à la recherche d'idées : après que vous avez trouvé l'idée qui vous enthousiasme, il vous faut passer sans attendre à sa réalisation.

Beaucoup de personnes qui trouvent des idées géniales échouent. Pourquoi ? parce qu'une idée, aussi excellente soit-elle, ne produit rien, si elle reste à cette stade d'idée.

Il est plus facile de passer de « pas d'idée » à « avoir une idée » que passer de « avoir une idée » à « réaliser son idée ».

L'action est plus difficile parce qu'elle exige de se « bouger », de quitter son zone de confort habituel, de devoir se mettre à la tâche, de devoir solutionner des problèmes et de surmonter les obstacles.

Certaines personnes rechignent tellement à agir – consciemment ou inconsciemment – qu'elles tombent dans une procrastination sans fin (comprenez « remettre sans cesse au lendemain »).

Pourquoi des gens deviennent obèses, par exemple ? Ils prennent du poids et se disent qu'ils doivent faire quelque chose pour maigrir. Qu'ils doivent se bouger un peu, faire un peu de sport, manger un peu moins. Mais ils se disent toujours « Oh je me mettrai au régime demain », ou encore la semaine prochaine, le mois prochain, ou l'année prochaine.

Et finalement, ils n'agissent jamais à tel point que le problème s'est largement aggravé et qu'il est devenu extrêmement difficile de le résoudre.

Il faut agir immédiatement et sans attendre dès que vous avez quelque chose que vous devez réaliser. Ceux qui font fortune sur Internet n'attendent jamais rien et se lancent immédiatement dès qu'ils ont une idée en tête. Faites pareil.

Revenons à notre sujet sur un service automatisé sur Internet après cette longue parenthèse sur la recherche d'idée, la procrastination et l'action : vous devez donc fournir un service où il n'y a absolument aucune nécessité de l'intervention d'un être humain, sauf pour le support technique.

Il est fort rare que tous les clients arrivent à utiliser le service sans le moindre problème. Rassurez-vous, cela ne veut pas forcément dire qu'il y a quelque chose qui cloche avec le service (mais cela peut être le cas aussi).

Il y a surtout des clients qui ne lisent pas les instructions ou le mode d'emploi, ou qui les lisent mais pas entièrement et font n'importe comment. Et bien sûr, des problèmes vont apparaître pour eux dans l'utilisation du service, c'est pourquoi il faut toujours un support technique.

Et dans les situations extrêmes, l'intervention d'un être humain est toujours requise dans le support technique.

VENDRE DES ESPACES PUBLICITAIRES SUR LE WEB

Les maîtres en la matière sont certainement Google et Facebook, et ils génèrent des millions de dollars par mois en vendant des espaces publicitaires sur leurs sites. Mais vous n'êtes pas obligé de créer et d'imposer un moteur de recherche ou un réseau social pour gagner un revenu par ce moyen.

Mais ne vous leurrez pas aussi, la publicité est le moyen le moins efficace pour gagner sérieusement de l'argent en ligne. Pourquoi ? tout simplement parce que le succès d'une rémunération basée sur l'affichage de publicité repose essentiellement sur le trafic.

Et quand on parle de trafic (ou de nombre de visiteurs qui viennent consulter un site), on parle surtout de référencement (ou la pratique qui consiste à essayer de positionner son site web dans les meilleures places dans les résultats de recherche des moteurs, Google surtout).

Et le problème vient de là, puisque absolument personne (à part peut-être les employés de Google) ne connaît exactement quoi faire pour un référencement impeccable.

C'est comme conduire une voiture mais que vous n'avez juste que de vagues idées sur ce que les commandes comme le volant, le levier de vitesse ou les pédales font, et pire encore, cela change fréquemment ! Par exemple aujourd'hui pour bien tourner, il faut faire un tour de volant, demain, il faut faire 2 tours, etc.

Donc, aujourd'hui dans le référencement, tout le monde fait plus ou moins des tâtonnements et les résultats sont bien soumis « au petit bonheur la chance ». Ceux qui ont du succès ne peuvent pas dire avec une parfaite assurance quels facteurs les a propulsé, et ceux qui ont moins du succès ne peuvent pas dire avec exactitude qu'est-ce qu'ils ne font bas bien et qu'est-ce qu'ils devraient faire.

Ce qui est sûr, c'est que Google n'a absolument aucune pitié avec ceux qui tentent de le « duper » dans le référencement. Même la moindre petite tentative pour « forcer » le positionnement de son site, si Google s'en aperçoit, fait chuter le site dans les profondeurs des résultats de recherche. Au pire même, Google bannit le site de son index.

Mais, même si dans cette « navigation dans le brouillard » qu'est le référencement, vous arrivez à faire venir des visiteurs sur votre site par pleins camions, alors là, faire louer des espaces publicitaires sur votre site web va s'avérer rentable.

Il vous faut juste prospecter vos clients en montrant bien le volume de trafic que votre site reçoit. Et bien sûr, il en faut pas prospecter n'importe qui. Si votre site parle de chien, ce sont surtout des vendeurs de produits qui concernent les chiens qui sont les plus intéressés à louer les espaces publicitaires.

Il y a aussi le programme « Google AdSense » dont vous devez quand même essayer, au moins une fois, si votre site reçoit un fort trafic. Si vous ne le savez pas encore, Google AdSense affiche automatiquement des annonces sur votre site, et vous gagnez de l'argent quand un visiteur clique (seulement) sur une annonce.

Mais même avec un fort trafic, il n'est pas toujours garanti que Google AdSense vous génère autant d'argent que vous voulez, parce que ce que vous gagnez à chaque clic dépend aussi de nombreux facteurs : comme le prix que l'annonceur paie, ainsi que la performance des annonces sur votre site (Google prend aussi cela en compte en examinant combien de visiteurs venant de votre site achètent ou s'inscrivent).

Vous pouvez aussi louer des espaces publicitaires sur votre newsletter ou dans les e-mails que vous envoyez aux abonnés de votre site (et les annonceurs obtiennent aussi de meilleurs résultats avec cela).

Les sites web qui ont les meilleures chances de devenir rapidement très populaires, et de ce fait, obtenir un énorme trafic, sont les sites web qui fournissent du contenu gratuit, comme des informations, ou un service gratuit (cartes postales, blagues, news, etc).

Ne mettez jamais de publicité sur un site marchand (vous voulez que le visiteur achète votre produit ou celui d'un autre ?), ainsi que sur une page où vous collectez l'adresse e-mail du visiteur (vous voulez qu'il s'inscrive ou qu'il va voir un autre site ?). C'est furieusement logique, pourtant c'est incroyable le nombre de personnes qui font ces erreurs.

Actuellement, les réseaux sociaux comme Facebook peuvent vous aider à attirer du trafic vers votre site de contenu gratuit. Vous pouvez annoncer sur ces réseaux ou y tisser une réputation qui va encourager les gens à venir sur votre site.

VENDRE DU MATÉRIEL SANS STOCK PAR LE «DROP-SHIPPING»

C'est comme vendre sur les sites d'enchères – mais sans utiliser les sites d'enchères, et en plus vous n'avez pas besoin aussi de vous constituer un stock de produits.

Vous avez juste à créer un site web marchand où vous vendez les produits, et à chaque commande, c'est un fournisseur qui se charge de la livraison. Vous, vous ne gérez pas de stock et vous ne vous occupez juste que des commandes.

A vous donc de voir si le drop-shipping est intéressant pour vous. Attention, vous devez monter votre site web et le faire connaître, alors que si vous utilisez les sites d'enchères, vous pouvez compter sur un trafic qui existe déjà.

Mais d'un autre côté, puisque vous êtes indépendant, vous n'êtes plus obligé de vous plier aux règles qu'imposent les sites d'enchères, ou aux frais qu'il faut payer dans leur utilisation.

Inutile aussi de vous dire qu'il y a du travail avec un site de drop-shipping : vous devez traiter les commandes ou avoir des personnes qui le font, ainsi que la gestion des finances.

Il est conseillé de vous concentrer seulement sur un « niche » si vous faites du drop-shipping. Ou plus exactement, vous concentrer sur un secteur très spécialisé, par exemple : si vous allez vendre des pièces de voiture, vendez seulement des pièces pour les voitures de sport, par exemple. Vous serez ainsi perçu comme un spécialiste et les gens vous feront plus confiance.

Donc éviter de proposer un étalage très diversifié de produits sur votre site web. Autant le faire sur des sites séparés si vous tenez absolument à le faire.

Il est intéressant aussi de proposer un programme d'affiliation pour ce type de business. A vous de voir également si le pourcentage que vous pouvez reverser aux affiliés peut les motiver. Référencer et faire connaître un site marchand est plus difficile que faire connaître un site à contenu gratuit, donc, les visiteurs provenant des affiliés peuvent grandement vous aider !

Enfin, il est plus que conseillé d'avoir un budget à allouer pour faire de la publicité. Utilisez les régies au clic comme Google Adwords. Les magazines et les sites spécialisés peuvent aussi vous aider.

PUBLIER UN LIVRE ÉLECTRONIQUE OU «E-BOOK» POUR LE KINDLE SUR AMAZON

Le Kindle est un appareil portable appelé « liseuse » et qui permet donc de lire des livres électroniques partout. Ses avantages sont nombreuses : il permet de lire en plein soleil, peut contenir des centaines de titres, l'autonomie dure des semaines et peut se connecter à Internet pour télécharger des livres.

Son prix aussi est très compétitif, surtout par rapport aux avantages dont il dispose.

Le Kindle est devenu un véritable succès commercial, et sur son site, Amazon vend déjà des milliers de livres destinés au Kindle. En plus, tout le monde peut écrire et publier des livres pour le Kindle sur le site d'Amazon.

Et bien sûr, Amazon compte déjà plusieurs millions de clients et on peut se faire un bon paquet d'argent tous les mois en vendant des livres pour le Kindle. Des auteurs sont déjà devenus millionnaires rien qu'en publiant des titres pour le Kindle !

Tout est simple si vous désirez vous lancer dans cette activité : vous créez juste le livre sur un traitement de texte, vous créez une image pour la couverture, vous choisissez un titre et rédigez une petite description, vous soumettez le tout à Amazon et c'est tout !

Bien sûr, Amazon examine et approuve le livre avant sa publication, mais à moins que – dans le livre - vous incitez les gens à exterminer les indiens d'Amazonie ou que vous expliquez comment faire du trafic d'armes, votre livre a de bonnes chances d'être accepté.

Les tendances actuelles montrent que le format électronique commence à prendre le dessus sur le format « papier ». Bien sûr, il y a encore beaucoup de gens qui préfèrent les livres papier et les livres tels que nous les connaissons avant ne disparaîtront probablement jamais, mais les gens ont aussi de plus en plus conscience des avantages que procure le format numérique.

Il n'y a absolument aucune restriction sur le genre de livre que vous pouvez publier sur le Kindle (même s'il paraît que ce sont les romans qui marchent le mieux), on trouve de tout : des guides pratiques, des bandes dessinées, des magazines, etc.

Et si vous n'êtes pas écrivain, ou si vous n'avez jamais écrit une seule ligne dans votre vie et vous n'avez aucune envie d'essayer, vous pouvez toujours engager des « ghostwriters » (ou encore, des personnes que vous payez pour écrire pour vous). Cette pratique est courante dans le milieu de l'écriture.

Ecrire et publier des livres pour le Kindle sur Amazon est peut-être l'activité la plus simple et la plus facile qui soit sur Internet : Amazon a déjà des clients pour vous, il s'occupe aussi de faire la promotion de votre livre, il se charge aussi des commandes, des paiements et des livraisons.

Vous, vous n'avez juste qu'à soumettre le livre et attendre votre chèque !

CONCLUONS !

Je viens de vous donner quelques idées d'activité à faire pour établir une affaire prospère sur Internet. Bien sûr, ce sont des moyens que j'ai constatés ayant le pouvoir d'amener des réussites exemplaires.

Vous n'êtes pas obligé de tous les faire. Au contraire, je crois même que ce n'est absolument pas une bonne idée. Il faut trouver ce que vous voulez faire, ce qui vous convient et qui vous donnera le plus de chances de vous mener au succès que vous cherchez.

Pour terminer ce livre, j'aimerais rappeler l'adage : « le succès, c'est 1% d'inspiration et 99% de transpiration ». Réussir n'est absolument pas – comme beaucoup de personnes le croient – juste « de trouver le bon filon », réussir c'est avant tout se retrousser les manches et faire tout ce qu'il y a à faire, et aussi le faire aussi bien que possible.

Mais avant de faire aussi ce qu'il y a à faire, il faut aussi « savoir ce qu'il faut faire ». C'est une lacune de beaucoup de personnes qui se lancent dans les affaires : elles sont prêtes à travailler, prêtes à suer, mais elles manquent cruellement de connaissances et agissent à peu près « au hasard » ou par les petites bribes de savoir qu'elles obtiennent ici et là.

Imaginez courir un marathon sans un coach qui vous a entraîné et qui vous a montré ce qu'il faut faire et les techniques qu'il faut utiliser pour être à l'arrivée : assurément au bout d'un kilomètre vous n'allez même plus pouvoir tenir debout !

C'est exactement pareil dans le monde des affaires : sans connaître les techniques qui marchent, sans savoir exactement quoi faire et comment le faire, il n'y a pas d'autre issue à part un échec monumental.

Amicalement,

Nary Andrian

Voici le lien vers le cours de copywriting « Comment écrire une lettre qui vend » :

www.business-opportunite.org/lettre-qui-vend

Ce livre vous a plu ? trouvez d'autres livres intéressants sur
la page Facebook :
Facebook.com/deslivrespourvous